SÚPER CHISTES

Papel certificado por el Forest Stewardship Council®

Primera edición con esta encuadernación: noviembre de 2025

Printed in Spain – Impreso en España

ISBN: 979-13-87972-41-7
Depósito legal: B-21.357-2025

Impreso en Liber Digital, S. L.
Casarrubuelos (Madrid)

GT 7 2 4 1 7

SÚPER CHISTES

Los chistes más tronchantes
sobre el lugar más aburrido
del mundo: ¡EL COLE!

montena

El director de la escuela le pregunta a un alumno:
—A ver, Luis, ¿cómo te imaginas la escuela ideal?
—Cerrada, señor director, cerrada.

En un examen un niño le dice al maestro:
—Profe, el bolígrafo no escribe.
—Pues dale aliento —responde el profesor.
Y el niño empieza a gritar:
—¡Vamos Boli, tú puedes, vamoooos!

En clase de mates el profe le dice a un alumno:
-Julián, despierta a tu compañero.
Y Julián responde:
-Despiértelo usted, que es quien lo ha dormido.

El primer día de clase un profe nuevo se presenta ante los alumnos:

—Buenos días. Mi apellido es Largo.

Y un niño le dice:

—No importa, tenemos tiempo.

En clase de arte la maestra está enseñando cómo se
hacen los colores.

—Mercedes, ¿cómo se hace el rosa?

—Con rojo y blanco —responde Mercedes.

—Bien. Juan, ¿cómo se hace el azul cielo?

—Con azul oscuro y blanco —responde Juan.

—Perfecto. Miguelito, ¿cómo se hace el café?

—Y Miguelito, muy concentrado, contesta:

—¿Solo o con leche?

En clase de medio natural, la maestra pregunta:
-Si estos animales nacieron con un día de diferencia,
¿cuál tiene más edad?
Una niña responde:
-La gallina, porque tiene tres meses y pico.

Un alumno le dice al maestro:
—Profe, me siento mal.
Y el profe contesta:
—Pues siéntate bien.

Laurita le pregunta a la señorita:
—Señu, ¿verdad que no se puede castigar a alguien por algo que no ha hecho?
—No, claro que no —responde la maestra.
Y Laurita responde:
—Estupendo, porque hoy no he hecho los deberes.

El profesor le pregunta a Juanito:

—A ver, Juanito, ¿qué te pasa si te corto una oreja?

—Pues que me quedo medio sordo —contesta el niño.

—¿Y si te corto la otra?

—Pues que me quedo ciego.

—¿Cómo? —pregunta desconcertado el profesor.

—Hombre, porque se me caerían las gafas.

En la clase de informática un profesor pone un ejercicio:

—Buscad una página web donde se puedan comprar zapatos.

Y un alumno, sin ni siquiera mirar la pantalla, responde:

—Ta.com.

En clase de historia el profesor pregunta:
-¿Cómo se llamaban las tres carabelas que llevaron a Colón a América?

Un alumno, que está mirando por la ventana, dice:
-¡Santa María, qué pinta tiene la niña!
-Muy bien, Pedrito.

Antes de salir al recreo el profe reparte las notas de un examen.

—Hugo, un 10. Juan, un 6. Álex, un 0.

—Oiga profe —se queja Álex—, ¿por qué me ha puesto un cero?

—Porque has copiado el examen de Juan.

—¿Y usted cómo lo sabe?

—Porque en la última pregunta Juan escribió «Esa no me la sé», y tú has puesto «Yo tampoco».

—María, ¿cuánto es 4 por 4?

—Empate.

—¡Mal! A ver una más fácil. ¿Cuánto es 2 por 1?

—Oferta.

11

En la clase de matemáticas, el maestro le pregunta a Isabel:

—Si en un bolsillo del pantalón encuentras cinco euros y en el otro tres, ¿qué es lo que tienes?

E Isabel contesta:

—Los pantalones de otro, profe, porque yo nunca tengo dinero.

—Carmen, ¿cuánto suman 2 más 2?

—No lo sé, señu, si no me da más datos…

En clase de historia, un niño le dice a otro:
-Nunca pensé que Albert Einstein fuera tan feo.
Y el otro contesta:
-Si él es feo, imagínate cómo debe ser su hermano, Frank Einstein.

El primer día de clase, una maestra le pregunta a una alumna:

—Ana, ¿cuántos años crees que tengo?

Y Ana responde:

—Por como camina, diría que 20. Por como viste, 20. Por como nos trata, 20. En total, 60.

El profesor de matemáticas muestra a toda la clase la lista de notas, llena de ceros, y dice:

—Estoy indignado, más del 80 % de la clase ha suspendido el examen.

Se oyen unas risas en la última fila y alguien comenta:

—¡Si ni siquiera somos tantos!

En clase los niños están estudiando el cuerpo humano y la profe pregunta:

—Antonio, dime tres partes del cuerpo humano que empiecen con la letra «c».

Y dice Antonio:

—Cabeza, corazón y cuello.

—Muy bien. Carlos, dime tres partes del cuerpo que empiecen con la letra «p».

Y Carlos dice:

—Pierna, páncreas y pulmón.

Muy bien. Ahora tú, Jaime. Dime tres partes del cuerpo que empiecen con la letra «z».

—¿Con la letra «z»? —responde Jaime—. ¡Ya sé! Las zejas, los zojos y las zuñas.

En clase de historia, el profe pregunta:
-Andrea, ¿dónde están las pirámides?
-No sé. Llame a mi madre, que es la que lo guarda todo.

En el aula de informática el profesor pregunta a Marcos:
—¿Qué contraseña has puesto?
—No se la puedo decir —contesta Marcos—, es secreta.
—Está bien —dice el profesor—, pero dime al menos cuantas letras tiene.
Y el niño responde:
—¿Cuántas letras tiene TRANSFORMACIÓN?

—Ángela, ¿por qué haces los números tan pequeños?
—Para que se noten menos los errores, señu.

Dos alumnos entran en clase cuando ya ha empezado.

–Marcos, ¿por qué llegas tarde? –pregunta la maestra.

–Porque estaba soñando que no paraba de viajar por todo el mundo y me desperté tarde.

–Y tú, Juan, ¿por qué llegas tarde?

–Es que yo fui a recogerlo al aeropuerto.

En clase de lengua la maestra pregunta a Pedrito:
—¿Cómo suena si pronunciamos la «m» y la «a» juntas?
Pepito dice:
—Ma.
—Muy bien. ¿Y si le pones la tilde?
Y Pepito contesta:
—Matilde.

La maestra le pregunta a un alumno:
—¿Por qué dejaste el examen en blanco? Las preguntas
eran muy fáciles…
Y el alumno contesta:
—Las preguntas sí, pero las respuestas no.

—Juanito, ¿qué uso David para matar a Goliat?
—Una moto —contesta Juanito.
—¿Seguro? Piensa bien, ¿no fue una honda?
Y Juanito responde:
—Ah, ¿tenía que decir también la marca?

El maestro, muy enfadado, le dice a Sarita:
—Es una vergüenza, no te sabes el nombre de los presidentes. A tu edad yo los sabía todos, y por orden cronológico.
Y Sarita contesta:
—Pues claro, profe. Cuando usted tenía mi edad solo había dos.

La profesora le pregunta a Marieta:

—¿Qué es un caníbal?

Y Marieta contesta:

—No sé, profe.

Pero la maestra insiste:

—A ver, si tú te comes a tus padres, ¿qué eres?

Y la alumna contesta:

—Huérfana, profe, huérfana.

—Pedro, dime el principio de Arquímedes.

Y Pedro contesta:

—La «a», profe.

—Jorge, ¿por qué has puesto mi nombre en la pregunta «Di el nombre de un descubridor»?

—Porque cada vez que nos pregunta algo descubre que no sabemos nada.

En clase de pintura, un maestro pregunta a los alumnos:
-¿Os ha quedado claro?
Y un niño, mirando lo que acaba de pintar, contesta:
-Sí, profe, pero un poco borroso.

Es el último día de curso y todos los alumnos llevan regalos a la maestra. El hijo del florista le entrega un ramo de flores. La hija del pastelero le da una caja de bombones. Entonces llega el hijo del dueño del bar con una caja grande y pesada. La maestra se da cuenta de que chorrea un líquido por la base, moja un dedo y lo prueba.

—¿Es limonada? —pregunta al alumno.

—No, responde el chico.

—¿Es cerveza?

—No.

—Me rindo. ¿Qué es?

Y el niño contesta con cara de asco:

—Un perrito.

Al final de un examen, un profesor le dice a un alumno que no ha sabido contestar ninguna pregunta:

—Te haré una última pregunta, y si la sabes, te aprobaré. ¿Cuántos pelos tiene la cola de un caballo?

—30.583.

—¿Cómo lo sabes?

—Perdone profesor, pero esa ya es otra pregunta.

La maestra pregunta a una alumna:

—Macarena, si en una mano tengo 15 peras y en la otra 10, ¿qué tengo en total?

Y la alumna responde:

—Unas manos enormes.

En el huerto de la escuela, una maestra pregunta:
—Salva, ¿cómo repartirías 10 patatas entre 5 personas?
Y Salva contesta:
—¡Haciendo puré!

En clase de ciencias el maestro pregunta:
—Lucía, ¿qué pasa si dejamos un pedazo de hierro al aire libre?
—Que se oxida, profe —contesta la niña.
—Muy bien. ¿Y si dejamos un trozo de oro?
Y Lucía dice:
—Que desaparece.

Una maestra de párvulos observa cómo sus alumnos están dibujando. Se acerca a una niña que trabaja muy concentrada y le pregunta:

—¿Qué estás pintando?

Y la niña responde:

—Estoy dibujando a Dios.

—Pero si nadie sabe cómo es Dios —dice la maestra.

Y la niña, sin levantar la vista de su dibujo, dice:

—Lo sabrás dentro de un minuto.

Álex llega tarde a la clase de gimnasia y se excusa:

-Llego tarde porque tengo un problema en la espalda.

-¿Qué pasa, te duele?

-No, se me pegan las sábanas.

En la clase de informática un niño le pregunta a un compañero:
—Y a ti, ¿por qué te llaman Facebook?
El niño, levantando el pulgar, contesta:
—Porque me gusta.

El profe le pregunta a un alumno:
—¿Hoy también te ha hecho los deberes tu padre?
Y el alumno contesta:
—No, esta vez me he equivocado solo.

Durante el recreo, un niño le pregunta a otro:

—¿Puedo quedarme a dormir en tu casa?

—Claro —responde el amigo—, pero tendrás que hacerte la cama.

—Ningún problema. En mi casa también me la hago.

—Pues no te olvides los clavos, la madera y el martillo.

@ @ @

¿Qué es blanco y te hará daño si se cae del árbol?
Una nevera.

@ @ @

Un niño le dice a su amigo:

–En lugar de coger el autobús he venido corriendo detrás y me he ahorrado dos euros.

–¡Pues si hubieras venido corriendo detrás de un taxi te habrías ahorrado 20!

En el patio del cole, después de las vacaciones de Navidad, todos los niños muestran alguno de los regalos que les han traído y una niña le pregunta a otra:

—¿Y a ti qué te han traído los Reyes Magos?

—Una minicadena —contesta la otra, muy afónica.

—¡Qué bien! Pero, ¿por qué hablas tan bajito?

—Porque me aprieta mucho.

Dos niños están sentados en los columpios del cole y uno le dice al otro:

—Juan, por las mañanas no me puedo levantar.

—¿Ah no? Yo me levanto cada día a las tres.

—¿A las tres? ¿Y cómo lo haces?

—Pues digo «una, dos y tres», y me levanto.

Dos amigas están tomando el sol en el patio y una le pregunta a la otra:

—¿Qué le dijo la luna al sol?

—No lo sé —dice la amiga.

—¿Tan grande y no te dejan salir de noche?

—¿Qué te ha pasado?
—Nada, un mosquito.
—¿Te picó?
—No tuvo tiempo. Mi hermanito lo mató con la pala.

🌀 🌀 🌀

Dos niños están charlando en el patio y uno le dice al otro:
—Oye Pedro, cuando estás en casa y te aburres, ¿qué haces?
—Miro la televisión.
—¿Y si te aburres mucho?
—Entonces la enciendo.

🌀 🌀 🌀

A la hora del almuerzo, una niña se planta delante de su amiga, levanta un dedo y se lo pone delante de la nariz:
—¿Qué ves?
—Un dedo —responde la amiga.
—Jo, que bien me escondo, ¿verdad?

Mientras saltan a la comba en el patio del cole, una niña le dice a la otra:

—Ayer estuve viendo un capítulo de dibujos animados en el que el pato Donald jugaba con el ordenador y usaba teclado.

La amiga pregunta:

—¿Y Mickey?

Y la primera contesta:

—Mouse.

ⓐ ⓐ ⓐ

32

Dos niñas de preescolar están jugando con la arena del patio del cole y una le pregunta a la otra:
—¿Sabes qué le dice un grano de arena a otro?
—No —contesta la amiga.
—Creo que nos están siguiendo.
Y, ¿sabes qué le dice una pared a la otra?
—Tampoco.
—Nos vemos en la esquina.

La enfermera del cole está curando a Sandrita cuando la niña le pregunta:

—Después de esta caída, ¿podré tocar la guitarra?

—Claro, no es nada.

—Qué bien, porque antes no sabía.

🌀 🌀 🌀

A la hora del recreo, dos niños están echando los restos de sus bocadillos a unas palomas, y uno le dice al otro:
—Pues yo tengo 40 palomas en casa.
—¿Mensajeras? —pregunta el amigo.
—No, no t'*ensajero* nada.

🌀 🌀 🌀

Una niña le dice a su amiguita:
—¿Sabes que mi hermano va en bicicleta desde los cuatro años?
Y la otra contesta:
—¡Pues ya de debe estar muy lejos!

Rosita está comiendo pan con mantequilla, pasa un niño y se lo tira al suelo. Una profesora ve llorar a la niña y le pregunta qué ha pasado.

—Juan me ha tirado el bocadillo al suelo —dice Rosita.

—¿Con intención? —pregunta la maestra.

Y la niña, llorando todavía más, dice:

—Nooooo, con mantequilla.

En la fila un niño le pregunta a otro:
—¿Tú de dónde eres?
—De Madeira.
—¡Anda, como Pinocho!

A la hora del recreo, un niño le pregunta al alumno nuevo:

—¿Tu padre trabaja?

Y el otro contesta:

—Está intentando entrar en un banco.

—¿Por enchufe?

—No, por un agujero en la pared.

Miguel y Andrés se están riendo porque el profe de mates está calvo como una bombilla. Miguel le dice a su amigo:

—¿Sabes de qué moriría un piojo en la cabeza del profe?

—¿De hambre? —pregunta Andrés.

—No.

—¿De aburrimiento?

—No.

—Me rindo.

—¡De un resbalón!

Un niño le dice a otro:
-Mi padre ha encontrado trabajo en Santiago.
El otro pregunta:
-¿Ah sí, de qué?
Y el primero responde:
-De Compostela.

Un día que no pueden salir al patio una niña
le dice a su amiga:
—El otro día mi perro se cayó del balcón y ahora
está en el cielo.
Y su amiga responde:
—Sí que rebota, tu perro.

Dos niñas están en el patio, mirando cómo juegan sus hermanitos pequeños, y una le dice a la otra:
—A mi hermanito le han puesto gafas.
Y la amiga responde:
—Que nombre más feo, ¿no?

Un niño muy rico le dice a su amigo:

—Mis padres me han comprado un reloj de marca.

—¿Qué marca? —pregunta el amigo.

Y el niño rico contesta:

—¿Qué va a marcar? La hora.

๑ ๑ ๑

El primer día de clase una niña le pregunta a otra:

—¿Cuál es tu nombre de pila?

Y la niña nueva responde:

—Duracell.

๑ ๑ ๑

-¿Sabes por qué Brad Pitt quiere ser rodilla?
-pregunta un niño a su amigo.
-Ni idea -contesta el otro.
-Pues porque Silvester
 es talón.

🌀 🌀 🌀

Un grupo de niños está formando la fila para volver a clase, y uno pregunta al resto:

—¿Os gustaría ir al cielo?

Todos los niños levantan la mano y contestan que sí excepto uno.

—¿Tú no quieres ir al cielo?

—Sí, pero mi madre me ha dicho que si vuelvo tarde a casa me castigará.

Dos niñas están jugando en el patio con los alumnos de preescolar cuando una le dice a la otra:

—¿Sabías que mi hermanito tiene solo cinco años y ya levanta pesas de 10 kilos?

Y la amiga responde:

—Eso no es nada. Mi hermanito tiene seis meses y levanta a toda la familia por la noche.

Tres niños están presumiendo de sus tíos. El primero dice:

—Mi tío es cardenal, y cuando entra en una habitación todos exclaman: ¡Eminencia!

El segundo dice:

—Mi tío es cura, y cuando entra en una habitación todos exclaman: ¡Padre!

Y el tercero dice:

—Pues mi tío pesa 150 kilos y cuando entra en una habitación todos exclaman: ¡Dios mío!

Dos niños que no se saben la lección aprovechan el recreo para repasar el examen de historia y uno pregunta:

—¿Quién era José, el carpintero?

El otro, convencido, responde:

—El padre de Jesús.

—¿Y quién era Jesús?

Y el otro, todavía más convencido, responde:

—El hijo de José, el carpintero.

Dos niños están comprobando qué les han puesto sus madres para desayunar. Uno saca un bocadillo y el otro una lata de conserva. El niño del bocadillo le dice a su amigo:

—¿Sabes qué? Mi madre me ha comprado un loro que dice «hola».

Y el niño de la lata responde:

—Pues a mi me ha comprado una lata que dice «melocotón en almíbar».

Un niño le dice a su amigo:
-Mi padre tiene un trabajo que deja a todos con la boca abierta.
El otro pregunta:
-¿A qué se dedica?
Y el primero responde:
-Es dentista.

Hablando de sus abuelos, una niña le pregunta a su amiga:

—¿Es verdad que a tu abuelo le hirió una bala perdida? Y la amiga contesta:

—No, no era una bala perdida. La encontraron en su pierna.

Una niña está en el patio repartiendo invitaciones para su cumple y le dice a su mejor amiga:
—Marta, te invito a mi fiesta de diez años.
—Gracias, pero yo a las tres horas me vuelvo a mi casa, ¿vale?

◉ ◉ ◉

Dos niños están aburridos en un rincón y uno le dice al otro:
—¿Quieres que te cuente un chiste?
—Claro.
—Había una vez un osito que se subió a un árbol y se cayó. ¿Te ha hecho gracia?
—No.
—Pues al osito tampoco.

◉ ◉ ◉

A la hora del desayuno Marcelo le pregunta a Luis:
—¿Te sabes el chiste de Otto?
—No —contesta Luis.
—Vaya —dice Marcelo—, Otto que no se lo sabe.

47

En un rincón del patio una niña pequeña está escribiendo muy concentrada. Llega una amiga y le pregunta:

—¿Qué haces?

—Le escribo una carta a mi prima.

—¡Pero si tú no sabes escribir!

—Ya lo sé —contesta la niña— pero mi prima tampoco sabe leer.

—Oye, ¿no me dijiste que te ibas a poner en forma?
—Sí, en forma redonda.

ⓖ ⓖ ⓖ

En el patio, esperando para entrar en clase, una niña
saca una bolsita de caramelos, se come uno y lo vuelve a
guardar. Su amiga, que lo ha visto, se acerca y le pregunta:
—¿Te quedan más?
La niña vuelve a sacar la bolsa, mira en el interior y
contesta:
—No, me quedan menos.

ⓖ ⓖ ⓖ

Sentados en un banco, dos niños miran cómo juegan
sus compañeras, y uno dice:
—El año pasado todas las niñas me perseguían.
—¿Y este año no? —pregunta el amigo.
—No. Este año ya no les quito el desayuno.

49

Jaimito va a una fiesta con su madre y esta, harta de que su hijo hable mal, le dice:

—Jaimito, si tienes ganas de ir al lavabo dime que te vas a América, ¿vale?

—Vale.

Ya en la fiesta, Jaimito le dice a su madre:

—Mami, me voy a América.

La madre, satisfecha, entiende lo que le dice su hijo, pero una señora que está hablando con ella no, y pregunta:

—¿Y qué harás solo en América, Jaimito?

Y el niño contesta:

—Nada, señora, a ver Chi-cago.

✳ ✳ ✳

-Papá, vinieron a preguntar si aquí vendíamos un burro.
-¿Y qué les dijiste?
-Que no estabas.

El abuelito centenario le pregunta a su nieto:
—Dime, Diego, ¿cuántos años crees que tengo?
Y el niño contesta:
—No sé abuelo, yo solo sé contar hasta cien.

* * *

Un abuelo le dice a su nieto: si te doy diez euros para que los repartas con tu hermanito, ¿cuántos le tocaran a él?
—Dos, dice el niño.
—¿Cómo que dos? ¿Todavía no sabes dividir?
—Yo sí, pero mi hermanito no.

A la salida del cole, dos madres están hablando de sus hijos y una le dice a la otra:

—Pues a mi hijo le encanta cantar y bailar. De mayor quiere dedicarse a una de las dos cosas, pero todavía no sabe qué elegir.

La amiga contesta:

—Yo creo que debería elegir el baile.

—¿Por qué? —pregunta la madre—. ¿Le has visto bailar?

—No —responde la amiga—, le he oído cantar.

En el despacho de la directora:
-Señora directora, ¿dónde está el pajarito? Y la mujer responde:

-Yo no tengo mascotas, cariño.
-Pues el profe me ha dicho que viniera a ver a la cotorra de la directora -contesta la niña.

Un día los niños pueden llevar sus mascotas a clase. Marisa le pregunta a su amiga:
—¿Araña?
Y la niña, seria, responde:
—No, gato.

* * *

Una niña se acerca a una vecina y con cara de pena le dice:
—Buena vecina, ¿podría darme diez euros para reunirme con mi familia?
—Claro, guapa —responde la vecina—. ¿Dónde están?
—En el cine.

* * *

—Pepito, ¿qué tal el cole?
—No sé, mamá —contesta Pepito—, todo el rato me llaman «el eléctrico».
—¿Y tú qué haces?
—Les sigo la corriente.

Juanito entra corriendo en el comedor, le pide un vaso de agua a su padre y regresa a su habitación. Al cabo de un momento, Juanito vuelve a entrar en el comedor, le pide un vaso de agua a su padre y regresa a su habitación. No han pasado ni diez segundos y Juanito vuelve al comedor, pide otro vaso de agua y, cuando está a punto de regresar a su habitación, su padre le dice:

—Ya no me pidas más. Ya has bebido bastante.

Y Juanito contesta:

—¡Pero es que todavía hay fuego en mi habitación!

✳ ✳ ✳

-Mamá, ¿por qué la novia va vestida de blanco?
-Porque hoy es el día más feliz de su vida.
-Entonces, ¿por qué el novio va de negro?

—Mamá, ¿el retrete da vueltas?
—No, hijo.
—¡Pues he hecho caca en la lavadora!

* * *

Un niño llega de la escuela y le dice a su madre:
—Mamá, mamá. En el cole me llaman «despistado».
Y la señora contesta:
—Anda niño, vete a tu casa, que vives enfrente.

Iba María corriendo por la acera cuando tropezó con su hermanito y lo tiró al suelo. Su madre le dice:
—María, ¿qué le tienes que decir a tu hermano?
—Que otra vez se aparte.

✳ ✳ ✳

En la puerta del cole la abuela le dice a su nieto:
—Pedrito, ¿qué vas a ser cuando seas mayor?
A lo que el niño contesta:
—Pedro.

* * *

Una niña está jugando con su madre y le dice:
—Mami, te quiero mucho.
—Y yo a ti, cariño, pero díselo también a tu padre.
La niña se levanta, va hacia su padre y le dice:
—Papi, quiero mucho a mami.

* * *

Un niño le dice a su padre:
—Papá, me quiero casar con la abuela.
—Eso no puede ser. ¿Cómo te vas a casar con mi madre?
—¿Qué pasa? —contesta el hijo—. Tú te casaste con mi madre y yo no dije nada.

Una niña está de visita en casa de una tía que acaba de conocer. Al verla, le dice:

—¡Fea!

El padre de la niña, avergonzado, le explica a su hija que no debe tratar así a la gente y que le diga a la señora que lo siente mucho. La niña, obediente, le dice a la tía:

—Tía, siento mucho que seas fea.

* * *

Un día, David les dice a sus padres:

—Cuando yo tenga novia, ¿dónde vais a vivir?

* * *

Que suspendas mates, vale. Que suspendas geografía, vale. Pero que suspendas historia... ¡¡¡Si solo hay una página!!!

—Tere, ¿por qué no quieres ir a la peluquería?
—Porque tienen una crema que te quita diez años, y yo solo tengo seis.

* * *

Se encuentran dos amigos por la calle y uno le dice al otro:
—Mi papá me ha comprado un perro que sabe leer.
—A ver —contesta el amigo.
Ponen al perro delante de un periódico pero no pasa nada. Al cabo de un rato, el amigo, burlándose, le pregunta al perro.
—¿Qué es lo que dice, perrito?
Y el dueño del perro le dice:
—Te dije que sabía leer, no hablar.

Va Juanito caminando por la calle con su abuela de la mano, ve un caramelo en el suelo y lo va a coger cuando su abuela le dice:

—Juanito, las cosas del suelo no se recogen.

Continúan caminando y más adelante Juanito ve un coche de juguete, lo intenta coger y su abuela le dice:

—Juanito, te he dicho que las cosas del suelo no se recogen.

Siguen caminando, la abuela tropieza con una piedra y se cae. Entonces le pide a Juanito:

—Niño, ¡ayúdame!

Y Juanito le responde:

—Abuela, las cosas del suelo no se recogen.

✳ ✳ ✳

* * *

Una niña le pregunta a su madre:
—Mamá, mamá, ¿la abuela es bruja?
—No —contesta la madre—, ¿por qué lo preguntas?
—Porque estaba tocando los cables de la lámpara y ha salido volando por la ventana.

Una mujer tiene que hacer un recado y deja a su bebé
con la canguro. Al regresar ve que el que está en el
cochecito no es su hijo. Muy nerviosa, pregunta:
—¿Dónde está mi hijo? ¿Quién es este bebé?
La canguro, tranquilamente, le contesta:
—¡Usted me dijo que cuando el bebé se ensuciara lo
cambiase!

✳✳✳

- ¿Por qué le haces eso al bebé?
- Porque me olvidé de agitar el jarabe antes de dárselo.

Dos abuelos están compitiendo a ver cuál tiene al nieto más listo. Uno dice:
—Mi nieto, con nueve meses ya sabía andar.
Y el otro, orgulloso, responde:
—El mío aprendió antes, pero prefería que lo llevaran en brazos.

* * *

Una niña está llorando desconsoladamente en un rincón del patio. Al verla, una amiga le pregunta:
—¿Por qué lloras?
—Es que mi mamá va a tener un nuevo hermanito.
La amiga, emocionada, le dice:
—No debes llorar por eso. Es una buena noticia.
Pero la niña contesta:
—Es que la semana pasada compraron un coche nuevo.
—¿Y eso qué tiene que ver?
Y la niña, llorando todavía más, contesta:
—Pues que en la tienda cogieron el coche nuevo y dejaron el viejo.

Un niño le pregunta a su padre:

—Papá, ¿los padres son más inteligentes que los hijos?

—Sí, suelen ser más listos.

Al cabo de un rato vuelve el niño y le hace otra pregunta:

—¿Quién descubrió la gravedad?

—Isaac Newton.

—Gracias, pero hay una cosa que no entiendo. Si los padres son más inteligentes que los hijos, ¿por qué la gravedad no la descubrió el padre de Newton?

✳ ✳ ✳

* * *

Un niño se está mirando en el espejo y le pregunta a su mamá:

—Mamá, ¿cuántos años tengo?

—Cinco —contesta la madre.

—¿Y el gato?

—Dos.

—¿Y por qué el gato tiene bigote y yo no?

—Hijo, ¿por qué metes el periódico en la nevera?
—Para tener noticias frescas.

✳ ✳ ✳

En la clase de informática, una niña le dice a otra:
-Yo nunca tendré hijos.
La amiga pregunta:
-¿Por qué?
Y la otra responde:
-Porque he oído que tardan nueve meses en descargarse.

Lucía le pregunta a su amiguita:

—Y tú, ¿dónde naciste?

Y la niña responde:

—Yo no nací. Tengo madrastra.

* * *

Un niño está haciendo los deberes y le pregunta a su padre:

—Papá, ¿qué está más lejos, la Luna o Nueva York?

El padre, quejándose de que el niño le haga una pregunta tan tonta, lo lleva a la ventana, señala al cielo y le pregunta:

—¿Qué ves?

—La luna, papá.

—Entonces, ¿qué crees que queda más lejos? ¿Ves Nueva York por algún lado?

* * *

—¡Papaaaaaaaaaaaá! ¡¡Me he tragado el altavoooooooooz!!

Tres hermanitos están mirando con curiosidad una báscula, y el mayor les dice a los otros:

—Cuidado, no la piséis.

—¿Por qué?

—Porque siempre que mamá la pisa se pone a llorar.

* * *

A la hora del almuerzo, un niño pregunta:
—¿Por qué papá tiene tan poco cabello?
La madre, que no sabe qué decir, contesta:
—Es que tu padre es muy inteligente y piensa mucho.
El niño, todavía con dudas, vuelve a preguntar:
—¿Y tú por qué tienes tanto?

* * *

El hermano mayor, viendo que le falta dinero en su
cartera, le pregunta a su hermano pequeño:
—¿Sabes dónde van las personas que roban el dinero
de los mayores?
Y el pequeño contesta:
—Sí, al cine.

Un niño le pregunta a su padre:
—Papá, ¿los vecinos del quinto son pobres?
—No —responde el padre—. ¿Por qué?
—Porque la hija se ha tragado una moneda y están todos muy preocupados.

Un niño que está haciendo un trabajo para el cole le pregunta a su madre:
—Mamá, ¿yo nací de día o de noche?
—De noche —contesta la madre.
—¿Y te desperté?

✳ ✳ ✳

—Mamá, en el cole me dicen que soy aburrida... ¿Mamá?

Dos amigas se están comiendo el bocata de la merienda y una le dice a la otra:

—¿Sabes cómo hacer para que el pan hable?

—Ni idea.

—Lo dejas en remojo toda la noche y al día siguiente *establando*.

En clase, una niña le pregunta a su amiga:

—¿Sabes cómo se llama el padre de E.T.?

—No —contesta la amiga.

—*Donete*.

+ + +

-Carmen, la paella está buenísima.

-Pues repite, hija, repite.

-Carmen, la paella está buenísima.

A la salida del cole un padre un poco gordito le pregunta a su hijo:
—Pedrito, ¿qué harás cuando seas mayor?
Y Pedrito contesta:
—Dieta, papá, dieta.

✝✝✝

Un niño entra en un bar y le pregunta al camarero:
—¿Cuánto cuesta un zumo de naranja natural?
El camarero responde:
—Dos euros.
—¿Y el azúcar?
—El azúcar es gratis —contesta el camarero.
Entonces dice el niño:
—Pues póngame un kilo.

Era un niño con una nevera tan pequeña que tenía que comprar leche desnatada porque entera no cabía.

✝ ✝ ✝

¿Cuál es el pan más loco?
El pan rallado.

✝ ✝ ✝

En casa, un niño que está vigilando la comida le dice a su madre:
—¡Mamá, las lentejas se están pegando!
Desde el comedor, su madre dice:
—¡Pues déjalas que se maten!

+ + +

En la cocina de la escuela el torpe ayudante de cocinero tropieza y se le caen un montón de platos al suelo. La jefa de la cocina, enfadada, grita:
—Pablo, ¿más platos?
Y Pablo contesta:
—No, menos.

+ + +

Dos amigos están en la fila del comedor y uno le dice al otro:
—¿Te has fijado? La nueva cocinera es un sol.
El amigo contesta:
—No, no me he fijado. ¿Por qué lo dices?
Y el primero contesta:
—Porque lo quema todo.

Un sábado por la noche un montón de fresas van a una discoteca. Una vez dentro, quieren tomar un refresco y como hay mucha gente en la barra deciden esperar su turno. Entonces llega una piña que también quiere tomar algo y, en vez de esperar su turno, pasa por delante de las fresas. Estas, enfadadas, le preguntan:

—Pero, ¿quién te crees que eres?

Y la piña contesta:

—¡La piña colada!

✝✝✝

Una galleta va por el desierto cantando:
—Soy una galleta, soy una galleta...
De repente, un beduino le dispara y le da justo en el centro.
La galleta sigue cantando:
—Soy una rosquilla, soy una rosquilla...

+ + +

Juanito está esperando que su madre ponga la mesa. Como ella lo ve triste, le pregunta:

—¿Qué te pasa, cariño?

—Es que en cole me llaman «extraterrestre».

Y la madre responde:

—Anda hijo, no hagas caso y ve a lavarte las cinco manos.

+ + +

¿Qué es una tarta que no habla?
Una *tartamuda*.

Era un niño tan alto, tan alto, tan alto que se comió un yogur y cuando le llegó al estómago ya estaba caducado.

En el comedor de la escuela, un niño le pregunta a la cocinera:
–¿Hay gelatina?
Y la cocinera contesta:
–La G latina no existe, Carlitos, solo la I latina.

+ + +

Una mañana, Sergio le pregunta a su padre:
—Papá, ¿a ti te gustan las patatas asadas?
El padre contesta:
—Sí, ya sabes que me encantan.
Y Sergio le dice:
—Pues te vas a hartar, porque se está quemando la cocina.

+ + +

Una familia está comiendo y el hijo le pregunta a su madre:
—Mamá, ¿cuándo vamos a comer pan de hoy?
Y la madre contesta:
—Mañana, hijo, mañana.

En el patio del cole Juanito se ha encaramado a las ramas de un limonero. Pasa un compañero de clase y le pregunta:

—¿Qué haces ahí subido?

Juanito contesta:

—Nada, comiendo manzanas.

Y el amigo, burlándose, le dice:

—¡Serás tonto, eso es un limonero!

Y Juanito responde:

—¿Qué pasa? Las manzanas me las ha dado mi madre y me las como donde quiero.

✝✝✝

Un abuelo va a buscar a su nieto al cole, le da el bocadillo para la merienda y le cuenta, orgulloso:
-Es el mismo bocadillo que me preparaba mi abuelo cuando yo iba al colegio. Y el niño contesta:
-Gracias abuelo, pero ya debe estar podrido, ¿no?

✝✝✝

El primer día del cole, una niña le pregunta a su compañero de pupitre:
—¿Cómo te llamas?
—Bollycao del Donut Phosquitos. ¿Y tú?
—Yo, María.
—Anda... ¡como las galletas!

✝✝✝

¿Qué le dijo una uva verde a una uva morada?
—Respira, respira...

Una familia al completo acaba de cenar en un restaurante carísimo, cuando llega el camarero y les dice:
—¿Quieren otro café o les traigo la cuenta?
Y el padre contesta:
—Mejor no traiga nada más, que hemos comido muy bien.

✝✝✝

¿Qué le dijo el azúcar a la leche?
—Nos vemos en el café.

✝✝✝

En el comedor, un niño le dice a la maestra:
—Seño, el plátano está blando.
Y la maestra, sin prestarle mucha atención, le dice:
—Pues dile que se calle.

+++

En el comedor una niña le dice a su profesor:
—Profe, ¡hay una mosca en mi sopa!
Y el profesor, guasón, le contesta:
—¿Y qué quieres, que le traiga un flotador?

¿Qué le dice la sandía al cuchillo?
—No me cortes, que me pongo colorada.

+++

+ + +

Un día la madre le dice a Caperucita:
—Caperucita, llévale a la abuela bollos con miel y leche.
Al llegar a casa de la abuela, la niña le dice:
—Abuela, ¡qué ojos más grandes tienes! ¡Y qué boca más grande tienes! ¡Y qué dientes más largos tienes!
Entonces la abuela interrumpe a Caperucita, muy enfadada:
—Niña, ¿tú has venido a traerme comida o a criticarme?

+ + +

Un niño entra en una hamburguesería y pregunta:
—¿Aquí venden comida rápida?
Y el encargado contesta:
—Sí, aquí tienes la cuenta.

89

Entra Sherlock Holmes en una quesería y el vendedor le pregunta:
—¿Qué tipo de queso prefiere, señor Holmes?
Y el detective contesta:
—El emental, querido.

✚ ✚ ✚

Una madre le pregunta a su hijo:
—¿Qué te has comprado hoy para el desayuno? Seguro que bollería, para variar.
Y el niño contesta:
—Para variar no, mamá. Para comer.

✚ ✚ ✚

En el comedor del cole un niño le dice a su compañero:
-¿Sabes qué le dice la cuchara a la gelatina?
-No -contesta el otro.
-¡¡No tiembles, cobarde!!

+++

Dos niñas están en el huerto del colegio observando un caracol encima de una lechuga y una le pregunta a la otra:

—¿Sabes por qué los españoles comen caracoles?

—No, ¿por qué? —pregunta la amiga.

—Porque no les gusta la comida rápida.

+++

Como cada martes, María va a visitar a su abuela después del cole. Esa tarde se la encuentra tomando un yogur muy lentamente, y le dice:

—Abuela, tienes que comer más rápido, que el yogur caduca en tres días.

Jaimito y su familia se van a comer al campo.
Encuentran un prado muy verde y un campesino que
está paseando por allí, y le dicen:
—Perdone señor, ¿podemos sentarnos en este prado
de hierba para comer?
Y el campesino les contesta:
—Claro, pero sepan que después de comer la hierba
tienen que beber mucha agua, o les dolerá el estómago.

✝✝✝

¿Cuál es el santo que quita el hambre?
El *San wich*.

✝✝✝

-Profe, ¿las aceitunas negras caminan?
-No -contesta la maestra.
Y la niña responde:
-¡Pues en mi plato hay una cucaracha!

+ + +

Pedro va a la pastelería y compra una caja de bombones. Al llegar a casa, se los come todos en treinta segundos. Al verlo, su hermana le recrimina:
—¡Te has comido todos los bombones! ¿Y no te has acordado de mí?
Y Pedro contesta:
—Claro que me he acordado de ti, por eso me los he comido tan rápido.

+ + +

¿Cuál es la fruta que se pone siempre, siempre, en la sartén?
¡El mango!

En el comedor, Pablito le pregunta a su compañero:

—¿Sabes cuál es el colmo de un panadero?

—No —contesta el compañero.

—Hacer un pan de 500 kilos. ¿Verdad que no tiene gracia?

—Ninguna —contesta el amigo.

Y Pablito dice:

—Gracia no, pero tiene mucha miga.

¿Qué es una mancha verde en la esquina de una cocina?

Un guisante castigado.

En el comedor del cole, una niña le dice a la monitora:

-¡Hay un pelo en mi sopa!

La chica, tranquilamente, le contesta:

-No pasa nada Carmencita. Lo guardamos por si viene alguien preguntando por él, ¿vale?

En casa, la madre de un niño muy glotón le dice:
—Jorge, no comas más pasteles, que vas a reventar.
Y Jorge responde:
—Pues dame otro y apártate.

+++

Antes de irse a casa a comer, un niño muy popular le dice al niño que no tiene amigos:
—¿Quieres comer hoy conmigo?
El otro, muy contento, le contesta:
—Claro que sí. Me encantaría.
Y el niño popular le contesta:
—Pues llama a tu madre y que ponga otro plato en la mesa.

+++

—Papá, no me gusta mi perrito.
—Pues apártalo y cómete solo las patatas.

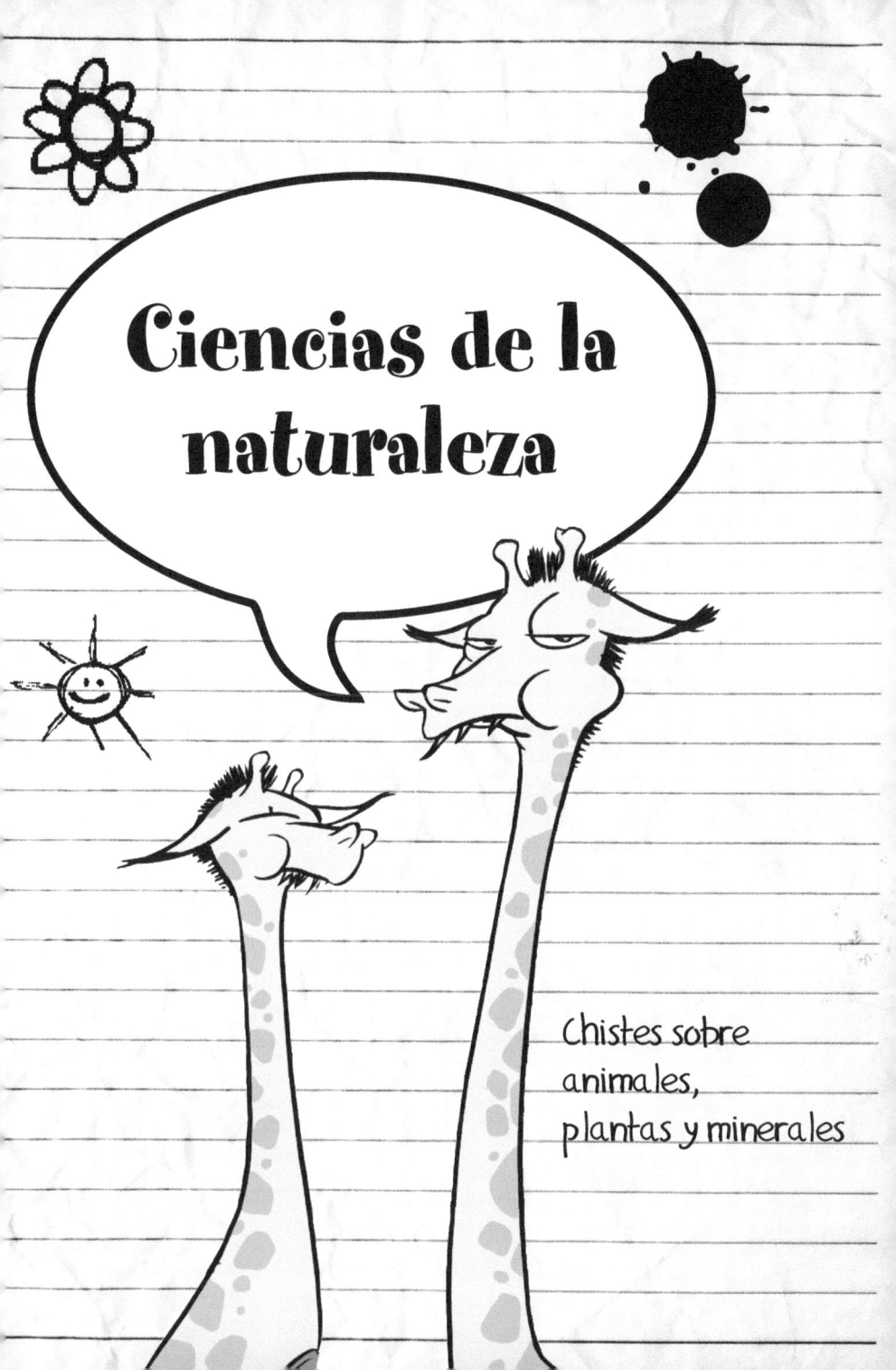

¿Por qué los elefantes no pueden montar en bici?
Porque no tienen dedos para tocar el timbre.

# # #

En el jardín de la escuela, una rosa, triste,
le dice a otra:
—Otra vez nos han dejado plantadas.

Un bebé cocodrilo le pregunta a su padre:
-Papá, ¿cuándo tendré mucho dinero?
-Cuando seas billetera.

En clase la maestra pregunta:
—A ver, María, ¿cuál crees que es el animal más antiguo?
Y María responde:
—La vaca, porque está en blanco y negro.

En clase de ciencias, el maestro le pregunta a Manuel:
—A ver, Manuel, dime el nombre de tres miembros de
la familia de los roedores.
Y el niño contesta:
—Claro, profe. Papá roedor, mamá roedora y bebé roedor.

Una niña un poco gordita que sigue una dieta muy estricta está mirando una foto de una ballena en el libro y le pregunta a la profesora:

—Señorita, no lo entiendo: la ballena se pasa el día entero nadando, se alimenta solo con agua y pescado… ¡y está gordísima!

Un niño le dice a su amigo:

—¿Sabes cómo convertir a un burro en una burra?

—Ni idea —contesta el otro.

—Pues lo metes en el armario hasta que *sea-burra*.

En clase de los más pequeños tienen una pecera con un pececillo que da vueltas alrededor de unas burbujas.
La profe le pregunta a Carlota: «¿Qué está haciendo el pez?».
Y la niña contesta: «Nada».

\# \# \#

Estaba una maestra jugando con sus pequeños alumnos, cuando les pregunta:

—Niños, ¿quiénes creéis que son más inteligentes, los animales o los seres humanos?

Al fondo de la clase, Clarita levanta la mano emocionadísima:

—¡Los animales!

La maestra, desconcertada, le pregunta:

—¿Por qué dices que los animales son más inteligentes que los seres humanos?

Y Clarita contesta:

—Porque cuando le hablo a mi perrito me entiende, pero cuando él me habla a mí, yo no puedo entenderle.

En clase, un niño le pregunta a su compañero:

—Oye Ricardo, ¿tú sabes si es cierto que los cisnes cantan antes de morir?

Y su amigo le contesta:

—Sí, es cierto.

El primero pregunta:

—¿Y por qué cantan antes de morir?

A lo que Ricardo responde:

—Hombre, pues porque después no pueden.

⁕ ⁕ ⁕

En clase de ciencias el profesor pregunta:
-¿Cuál de estos animales tiene ocho patas?
Un niño levanta la mano y contesta:
-El caballo con dos niños encima.

En el patio dos niños están apoyados en el tronco de
un árbol y uno le pregunta al otro:
—¿En qué se diferencia un árbol de un borracho?
El amigo mira el árbol y dice:
—Pues no sé. ¿En qué?
—En que el árbol empieza en el suelo y termina en la
copa, y el borracho empieza en la copa y termina
en el suelo.

\# \# \#

¿Qué le dice un pato a otro pato?
–¡Estamos empatados!

¿Cuál es la planta que camina?
La planta de los pies.

# # #

De excursión en el zoo, un niño le dice a su amigo:
–¿Sabes por qué las jirafas tienen el cuello tan largo?
Y el amigo contesta:
–Porque los pies les huelen muy mal.

—¡Qué pasa, tronco!

Iba un ciempiés por el bosque y se tropezó con una ramita, se tropezó con una ramita, se tropezó con una ramita, se tropezó con una ramita, se tropezó con una ramita, se tropezó con una ramita, se tropezó con una ramita…

Está una ratita sentada, aparece otra y le dice:
—¿Qué haces aquí tan solita, ratita?
Y la ratita contesta:
—Esperando un ratito.

¿Cómo sacarías a un elefante de una piscina?
Mojado.

# # #

- ¡Eh, me encanta tu piercing!

***

En clase de ciencias están dando una clase sobre felinos y el profesor le pregunta a Juanita:
—¿Qué tienen las gatitas que ningún otro animal posee?
Y Juanita responde:
—Gatitos, profe, gatitos.

***

Un niño entra en una tienda de animales y le dice al vendedor:
—Buenos días, quisiera comprar un perro.
El vendedor le pregunta:
—¿Pequinés?
Y el niño contesta:
—Es para mi abuela, que le gustan mucho los animales.

Está Juanito en clase de ciencias y la profesora le pregunta:
—Juanito, dime el nombre de un mineral.
Juanito, que no se ha estudiado la lección, murmura:
—Una piedra…
Un compañero quiere ayudarlo y le susurra:
—Basalto.
Y Juanito grita:
—¡¡UNA PIEDRAAAAA!!

# # #

¿Cómo se llama un oso que cuenta chistes?
Chist-oso.

# # #

En clase de ciencias, la maestra pregunta:
—¿Qué animal es el que tiene más dientes?
—El ratoncito Pérez.

✳ ✳ ✳

En el zoológico, delante del recinto de los leones, un niño pregunta a su madre:

—Mamá, ¿por qué no me compras un león?

Y la madre contesta:

—Porque no sabríamos qué darle de comer.

—Bueno, entonces cómprame uno de esos animales con el cartel «Prohibido darles de comer».

Un niño va corriendo a su mejor amigo y le dice:

—Luis dice que tu perro come con la cola. ¿Es verdad?

A lo que el niño responde:

—Pues claro, nunca se la quita para comer.

# # #

En el zoológico dos tigres se ponen a charlar, y uno le dice al otro:

—Oye, ¿sabes que ayer incendiaron la jaula del león?

Sorprendido, el otro tigre pregunta:

—¿Y hay algún sospechoso?

—Sí, las llamas.

# # #

\# \# \#

Entra un niño en una tienda y le dice al vendedor:

—Hola, quiero comprar una mosca.

—¡Pero si esto es una ferretería!

—Ya lo sé, pero como la he visto en el escaparate…

Dos águilas van volando juntas entre las nubes cuando, de pronto, un avión a reacción pasa por encima de sus cabezas dejando tras de sí una larga estela de humo. Un águila le dice a la otra:
—Este pajarraco tiene mucha prisa.
Y contesta la otra:
—También la tendrías tú, si se te quemara la cola.

¿Qué hace un burro al sol?
Sombra.

Una cebolla le dice a su amiga:
—No entiendo a las personas.
Primero nos cortan y después lloran.

-Claudia, háblame de Mercurio.
Y Claudia contesta, dudando:
-Bueno, pues era el dios de los termómetros.

¿Cuál es la época preferida de las vacas?
Las *vacas-ciones*.

#

Un pajarero y su hijo están mostrando a la clase varios ejemplares. Un alumno pregunta:
—¿Cómo podemos saber si el animal es pájaro o pájara?
Y el hijo del pajarero responde:
—Es muy fácil. Lo acaricio con la mano, si se pone contento es pajarito y si se pone contenta, es pajarita.

¿Qué animal gana siempre todas las carreras?
El piojo, porque siempre va en cabeza.

# # #

Tres amigas están en la biblioteca hojeando un libro
de animales y una niña le pregunta a otra:
–¿Por qué los flamencos se sostienen sobre una pata?
La otra, muy seria, responde:
–Porque si también la doblaran, se caerían.

✳ ✳ ✳

En clase de ciencias la maestra le pregunta a una
alumna:
—Elena, ¿cuál es el animal que anda con una pata?
Y Elena contesta:
—El pato.

—Urgencias, dígame.

—¡Por favor, es urgente, rápido, manden a la policía, por favor, rápido, estoy en peligro!

El policía, nervioso, pregunta:

—Está bien. Cálmese. Ahora vamos. ¿Qué ocurre exactamente?

Y la voz vuelve a gritar, nerviosa:

—¡Hay un gato en mi ventana!

El policía, tranquilamente, le dice:

—Bueeeno. ¿Y todo este escándalo por un gato?

Y la voz contesta, todavía más nerviosa:

—¡¡Pues sí, porque yo soy el canario!!

⌗ ⌗ ⌗

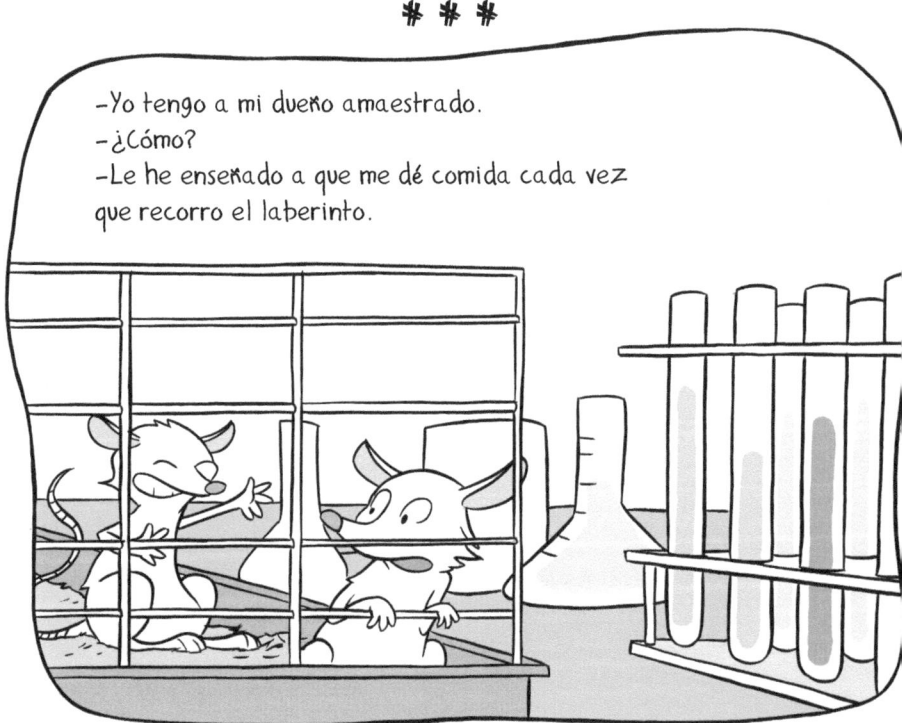

-Yo tengo a mi dueño amaestrado.
-¿Cómo?
-Le he enseñado a que me dé comida cada vez que recorro el laberinto.

Un murciélago le pregunta a otro:
—¿Cuál ha sido el peor día de tu vida?
Y el otro responde:
—El día que tuve diarrea.

\# \# \#

Era un caballo tan vago, tan vago, tan vago, que cuando le ponían la silla de montar, se sentaba en ella.

\# \# \#

Una hormiguita le pregunta a un elefante al verlo tan grande:
—Amiguito, ¿cuántos años tienes?
El elefante le contesta:
—Un año.
Luego el elefante le pregunta lo mismo y la hormiguita le contesta:
—También tengo un año, pero es que he estado muy enfermita.

En clase de lengua el profesor le dice a un alumno:
—Pepe, dime una palabra que empiece con la letra «d».
—Ayer.
—Pero Pepe, «ayer» no empieza con la «d», empieza por «a».
—Ya profe, pero es que ayer era domingo.

§ § §

¿Cómo se dice «piloto de avión» en japonés?
—Popoko Memato.

§ § §

§ § §

Al final de un curso escolar el director quiere comprobar cómo le ha ido al nuevo profesor de literatura. Así que se presenta por sorpresa a su última clase y le pregunta:

—¿Qué le parece si les hago preguntas al azar a sus alumnos?

—Muy bien —dice el profesor.

Y el director pregunta:

—Marcos, ¿quién escribió el Quijote?

Marcos, nervioso, contesta:

—Señor director, le juro que yo no he sido.

El director, sorprendido, le dice al profesor:

—¿Ha oído usted la respuesta de este niño?

Y el profesor contesta:

—Sí. Pero yo le aseguro que si el niño dice que él no ha sido, es que él no ha sido.

Un niño le dice a su compañero:

—¿Tú sabes cuál es la palabra más larga del diccionario?

Y este le contesta:

—Arroz, porque empieza con «a» y termina con «z».

§ § §

Un alumno le pregunta a la maestra de inglés:

—Señorita, ¿qué significa «nothing»?

—Nada —contesta la profesora.

—Algo querrá decir, ¿no?

§ § §

En la clase de geografía la maestra está explicando cosas sobre Australia. Un niño pregunta:
-¿Cómo se llama un boomerang que no vuelve?
La maestra, seria, contesta:
-Palo.

§ § §

En el cole la profesora pregunta:

—Sandra, dime una palabra que tenga muchas oes.

Y Sandra responde:

—Goloso.

—Muy bien, Sandra. Ahora tú, Juanín.

Juanín se queda pensando y dice:

—¡¡¡Goooooooooooooooooooool!!!

En la clase de lengua, la maestra explica que las onomatopeyas son palabras que describen los sonidos. Como deberes pide una frase con la palabra onomatopeya. Al día siguiente los alumnos leen lo que han escrito.

—Ayer estaba en la calle, pasó un perro que dijo «guau», y yo pensé que «guau» era una onomatopeya —dice Jaime.

—Muy bien Jaime. Ahora tú, Silvia.

—Ayer estaba en mi cuarto, vino mi gato, dijo «miau» y yo pensé que «miau» era una onomatopeya.

—Muy bien, Silvia. Ahora tú, Jorge.

—Ayer estaba en la calle, pasó un camión y pensé: «¡Oh no, *m'atropella*!»

§ § §

Dos niños andaluces están en la clase de inglés y uno le pregunta a otro:
–Oye, ¿cómo se dice «uno» en inglés?
–One, contesta el otro.
–¡Anda, como mi primo! –dice el primero.

Un niño que no se encuentra bien le dice a la maestra:
-Seño, estoy cansado, creo que necesito vitaminas A y B.
Y la maestra contesta:
-Lo que tú necesitas es el abecedario entero.

§ § §

Va un gato caminando por un tejado y se encuentra
con otro gato. El primero le dice al otro:
—Miauuuuu miauuuuuu.
Y el segundo le contesta:
—Guaaaaaau guuuuaaaaauuuu.
El primer gato, muy extrañado, le pregunta:
—Oye, si tú eres un gato, ¿por qué ladras como un
perro?
Y el otro le dice:
—¡Pues porque sé idiomas!

El primer día de clase, el profe le pregunta a un niño:
—¿Tú sabes leer y escribir?
El niño responde:
—Escribir sí, pero leer no.
Entonces el niño se pone a dibujar garabatos que no se entienden nada y la maestra le dice:
—Pero, ¿qué has puesto aquí?
Y el niño responde:
—No lo sé. ¡Ya le he dicho que no sabía leer!

§ § §

En clase de lengua, el profe está enseñando los tiempos verbales y pregunta:
–Vamos a ver, Pablito. ¿Me puedes decir qué tiempo es «Llovía»?
Y Pablito contesta:
–Un tiempo malísimo, profe.

PRESENTE   PASADO   FUTURO

§ § §

Dos hermanos están delante de la escuela insultándose y diciendo palabras cada vez más fuertes. Sale el director de la escuela y les dice:

—¿Se puede saber por qué os insultáis? ¿No podéis dejar de pelearos?

Y los niños contestan:

—No nos peleamos. Estamos jugando a papá y mamá.

Un papá regresa a casa después de una visita al zoo con su bebé. Un poco triste, le dice a su mujer:

—Clarita ha dicho su primera palabra.

Y la mujer le pregunta, contenta:

—¿Ah sí? ¡Qué bien! ¿Y qué palabra ha dicho?

—Papá.

—¡Estarás contento!

Y el padre responde:

—Sí, pero es que lo ha dicho delante de la jaula de los gorilas.

§ § §

En la biblioteca de la escuela, un alumno le pregunta a su viejo profesor:

-Valaaa. Es como un SMS pero con todas las letras. ¿Cómo se llama?

Y el profesor responde:

-Libro, chaval, libro.

Un día, Clara se apunta para dar clases de navegación y el primer día de clase, el capitán de la embarcación les dice a sus pupilos:

—Antes de zarpar vamos a hacer un poco de repaso. ¿Cuántas anclas tiene el barco?

Clara rápidamente levanta la mano y dice:

—¡Once!

—¿Once? —pregunta el capitán—. ¿Estás segura?

—Segurísima —responde Clara—, por eso siempre dicen «eleven anclas».

Iba un perrito caminando por el campo de Inglaterra y de repente choca con un zorro. El zorro se disculpa y le dice:
—I'm sorry.
Y el perrito le contesta:
—I'm perry.

§ § §

Dos niños están en el baño del cole y uno le pregunta al otro, que es chino:
—¿Cómo se dice «espejo» en chino?
Y el otro, que es muy chistoso, le contesta:
—Aitoió.

§ § §

- «¡¡YO NADO, TÚ NADAS, ÉL NADA!!» -Pepito lee en la pizarra.
-Más bajo, por favor, más bajo -dice el profesor.
Y Pepito continúa:
-Yo buceo, tú buceas, él bucea.

En el pasillo del cole un niño listillo le dice a otro:
—Soy vidente. Por diez euros te digo el futuro.
—Vale —contesta contento su amigo.
Y el primero dice, alargando la mano:
—Yo seré vidente, tú serás vidente, él será vidente...

§ § §

Después de las vacaciones, la maestra quiere poner a prueba a los alumnos y escribe en la pizarra: «Heste berano me e haburrido mucho».

—Marta, ¿me puedes decir qué pasa con lo que he escrito? —pregunta la señorita.

Y Marta contesta:

—Pues que tendría que haber hecho algún viaje, señu.

Un niño está haciendo los deberes de lengua y le pregunta a su madre:

—Mamá, ¿qué significa «ignorante»?

Y la madre contesta:

—Pues no tengo ni idea, hijo.

§ § §

—María, ¿qué es la «a»?
—Una vocal —contesta ella.
—¿Y la «k»?
—Una consonante que no se puede repetir —dice la niña.

§ § §

En clase están estudiando los tiempos verbales.
La profe pone ejemplos y pregunta a los niños:
—«Yo era rica» es….
Y una niña contesta:
—Pasado.
—Muy bien Lisa. Y si digo: «Yo soy hermosa», ¿qué es?
Y se oye un alumno que dice:
—¡Mentira!

§ § §

¿Cómo se llama al pato que se lleva mal con los otros patos?
Antipático.

Marcial es el niño más charlatán de la clase. Un día que
la maestra está harta de llamarle la atención le advierte:
—Como no te calles voy a tener que llamar a tu madre.
Y el niño responde:
—Uy, señu, ¡ella habla más que yo!

§ § §

Un ciego le pregunta a un cojo:
—¿Qué tal andas?
Y el cojo contesta:
—Pues ya ves…

§ § §

En clase de lengua, la profesora pregunta:
-A ver, Juan, define la palabra «egoísta».
Y Juan contesta:
-Egoísta es alguien que no piensa nunca en mí.

Una niña está haciendo los deberes y le pregunta a su padre:
—Papá, ¿cómo se escribe «campana»?
—Tal como suena.
Y la niña va y escribe:
«Tolón, tolón».

§ § §

Un niño llega al cole y le cuenta a su amigo:
—Ayer nació mi hermanito.
El amigo le pregunta:
—¿Y cómo se llama?
Y él contesta:
—No lo sé. Todavía no habla muy bien.

§ § §

El director de la escuela le pide a su secretaria:
—Maribel, escribe a los padres de Álvaro para que vengan el viernes a hablar conmigo porque se porta muy mal.
—Señor director —pregunta la secretaria—, ¿viernes se escribe con «b» o con «v»?
Y el director contesta:
—Mejor que vengan el lunes...

¿Cómo se dice «papel higiénico» en japonés?
Kita Kakita.

§ § §

¿Cómo se dice «bigote» en italiano?
Trampoline di mocco.

En clase de lengua, la maestra le dice
a un alumno:
—Dime una palabra con cinco íes.
El alumno contesta:
—Es dificilísimo...
Y la maestra responde:
—Muy bien. Aprobado.

-Alberto, dime dos pronombres.
Alberto, que estaba medio dormido, contesta: -¿Quién, yo?
-Muy bien, aprobado -contesta el profesor.

§ § §

Dos niñas están leyendo un libro y una le pregunta a la otra:
—¿Qué significa esta palabra?
La amiga contesta:
—Cuál.
Y la otra le dice:
—Gracias. ¿Y esta otra?

§ § §

Dos niños están mirando el pesebre que han montado en la escuela y uno le dice al otro:
—¿Sabes cómo se llaman los habitantes de Belén?
—Figuritas.

Juanito le dice a su profesor:

—Profe, mi no tengo lápiz.

El profesor le corrige:

—No, Juanito, se dice: yo no tengo lápiz, tú no tienes lápiz, él no tiene lápiz, nosotros no tenemos lápiz, vosotros no tenéis lápiz y ellos no tienen lápiz.

Y Juanito contesta:

—Entonces, ¿qué ha pasado con los lápices?

§ § §

¿Cómo se dice en japonés «mi moto está averiada»?
Yamimoto Nokamina.

§ § §

Una madre va al médico con su hijo y le dice:
—Doctor, mi hijo no sabe pronunciar la «r».
El doctor le pregunta al niño:
—A ver, hijo, ¿cómo te llamas?
Y el niño dice:
—Pedo.

§ § §

En clase de lengua:
—Adrián, dime una palabra que contenga la letra «a».
—Reloj.
—¿Me puedes decir dónde está la letra «a» en esa palabra? —pregunta enfadada la maestra.
—Pues en las agujas, profe.

§ § §

Dos hermanas gemelas van a la misma clase. Un día, la profe le dice a una de ellas:
—Emma, tu redacción «Mi perro» es exactamente igual que la de tu hermana. ¿Se la has copiado?
—No —responde Emma—, es que el perro es el mismo.

Un policía para al conductor de un coche y le dice:

—No está permitido conducir con un pato en el coche. Llévelo al zoológico, por favor.

Al día siguiente el mismo policía ve al mismo conductor con el pato y le pregunta:

—¿No le dije ayer que llevara al pato al zoológico?

Y el hombre contesta:

—Ya lo llevé al zoo. Ahora lo llevo al cine.

Un niño despistado le pregunta a un policía:
- Por favor, ¿la calle Sagasta?
- Si la pisas mucho, sí -contesta el policía partiéndose de risa.

En clase de seguridad vial, al fondo del aula para que nadie los escuche, un niño le pregunta a su amigo:

—¿Sabes por qué cada vez ponen los semáforos más altos?

—No —contesta el otro— ¿Por qué?

—Para que no se los salten.

¿En que se nota que un motorista está contento?

En la cantidad de mosquitos que lleva en los dientes.

En la taquilla de una estación de tren dos amigos van
a comprar un billete:
—Buenos días, ¿Me puede dar un billete para
Villegas? —dice uno.
—Lo siento —dice el encargado—, ya no quedan.
El hombre se da la vuelta y le dice a su amigo:
—Villegas, te has quedado sin billete.

Era un niño tan despistado, tan despistado, tan
despistado, que lo atropelló un coche aparcado.

En una esquina, unos alumnos le preguntan a un guardia:
-Perdone, ¿nos puede decir cuál es la calle Mayor?
A lo que el guardia contesta:
-No sé, nunca las he medido.

En el arcén de una carretera,
un sapo le dice a otro:
-Lo que más me revienta son los camiones.

La familia de Santi aprovecha las vacaciones para hacer un viaje en coche. A medio camino se les pincha una rueda. Santi y su padre se bajan del coche, y el padre le dice:

—Venga, ayúdame a cambiar la rueda.

—Vale, papá —contesta Santi.

Al cabo de un rato se oye a la madre, que se había quedado dentro del coche con el hermano pequeño, que dice:

—Santi, ayúdame a cambiar a tu hermanito.

Y Santi pregunta:

—¿También se ha pinchado?

Dos serpientes van en bici por la carretera, pasan por encima de un bache y una le pregunta a la otra:
—Oye, ¿sabes si somos venenosas?
—Ni idea, ¿por qué?
—Porque me he mordido la lengua.

★ ★ ★

En la calle, una señora pide un taxi y grita:
—¡¡Taxi, taxi!!
El taxista para y le responde:
—¡¡Señora, señora!!

★ ★ ★

-A ver, usted, deme su nombre.
-¡Sí hombre! ¿Y entonces cómo me llamarán?

***

Un caracol cruza la calle y lo atropella una tortuga.
Cuando despierta en el hospital, el médico le pregunta:
—¿Cómo ocurrió todo?
Y el caracol le responde:
—No sé, ¡fue todo tan rápido!

***

En el patio del cole, un niño le dice a su amigo:
—Rafa, ¿tu abuela es mecánico?
—No —contesta Rafa—. ¿Por qué?
—Por nada, es que la acabo de ver debajo de un camión.

¿Qué clase de coche lleva Santa Claus?
Un Reno-LT.

★ ★ ★

El profesor de la autoescuela de faquires se encuentra a todos sus alumnos durmiendo y dice:
—Creo que esto de estudiar el airbag no es buena idea.

Un hombre que se acaba de sacar el carné de conducir va al concesionario a comprarse un coche y el vendedor le dice:
—Con este coche se ahorrará la mitad de la gasolina.
Y el hombre, contento, le dice:
—¡Pues póngame dos!

★ ★ ★

Un revisor de tren está revisando los billetes de los pasajeros, hasta que llega a Juanito y le dice:
—¿Cómo viajas en primera clase si tu billete es de tercera?
Y Juanito contesta:
—Comodísimo, oiga.

Un guardia detiene al conductor de un coche porque se ha saltado un Stop, los neumáticos están gastados, las luces no funcionan y, encima, cuando le pide los papeles, ve que están caducados:

—¡Se va a enterar usted! —dice el guardia—. A ver, ¿cómo se llama?

El conductor responde:

—Me llamo Schtrodzuwskibladssmurtow Vocgelghfstulmfph.

Y el guardia contesta:

—Hmm... bueno, pase por esta vez, pero que no se repita.

★ ★ ★

150

* * *

Un policía que va persiguiendo a un ladrón, lo pierde en una esquina y le pregunta a un niño que pasaba por allí:
—¿Has visto a alguien doblar la esquina?
Y el niño contesta:
—No, cuando yo vine ya estaba doblada.

* * *

Un niño está sentado en el muro de la escuela con una caña de pescar. Un conductor que está parado justo delante porque hay un atasco le pregunta, burlón:
—¿Qué, pican?
Y el niño contesta:
—Sí. Con usted ya van 35.

El director del cole es un hombre muy tacaño. El último día de curso, cargado de maletas para ir al aeropuerto, para un taxi y le pregunta al conductor:

—¿Cuánto cobra hasta el aeropuerto?

Y el taxista responde:

—30 euros.

—¿Y por las maletas?

—No, las maletas se las llevo gratis.

—Bueno, entonces lléveme las maletas, que yo voy andando.

Cuando el guardia le pone una multa al conductor del autobús escolar, este se queja.

-¿80 kilómetros por hora? ¡Pero si solo llevo diez minutos conduciendo!

Un policía ha parado a un chico en una moto y le dice:
-Deme los papeles, por favor.
Y el chico contesta:
-¿Qué papeles? Me la compré sin envolver.

★ ★ ★

Isaac y Rubén están en la puerta del cole esperando que vengan a recogerles. De pronto un mochilero, con una melena hasta la cintura y las uñas largas y descuidadas, les pregunta:
—¿Me falta mucho para León?
Y Rubén contesta:
—Solo las orejas y el rabo, chaval.

Un hombre llama por teléfono a la compañía de taxis y, enfadado, pregunta:

—¿Qué pasa con el taxi que pedí hace una hora? ¡No voy a llegar al avión de las seis!

Los de la compañía le contestan:

—No se preocupe, ese avión siempre se retrasa.

Y el hombre contesta:

—Como no vengan rápido seguro que sí. ¡Yo soy el piloto!

En el patio del cole, unos policías están dando clases de seguridad vial. El policía le dice a un niño que acaba de chocar con otro:

—¿Es que no has visto el Stop?

Y el niño contesta:

—Sí, pero mi padre me ha dicho que no crea todo lo que lea.

En un control de carretera, un policía está mirando los papeles de un conductor y le pregunta:
-Pero ¿sabe usted a qué velocidad conducía?
Y el hombre contesta:
-No señor, mi velocímetro solo llega a los 200 km/h.

Un niño llega cada día tarde a la escuela y la maestra le pregunta:

—¿Se puede saber por qué siempre llegas tarde?

—Por la señal de la calle —contesta el niño.

—¿Qué señal? —pregunta la maestra.

—La que pone: «Escuela. Reduzca la velocidad».

★ ★ ★

Un turista le pregunta a Juanito:

—Por favor, ¿la calle Saboya?

Y el Juanito contesta:

—Si saltamos todos a la vez, seguro que sí.

Un camión de verduras ha tenido un accidente en la carretera y un policía y su ayudante están haciendo el parte:

—Apunta: melones en la carretera.

Y el ayudante lo apunta.

—Apunta: cuatro piñas en la copa de un árbol.

Y el ayudante lo apunta.

—Apunta: una sandía en el arcén.

Y el ayudante pregunta:

—¿Cómo se escribe «arcén», con hache o sin hache?

El policía le pega una patada a la sandía y dice:

—Apunta: una sandía en la cuneta.

★ ★ ★

Dos niños muy pequeños que van hacia el cole pasan junto a una parada de autobús y uno le pregunta al otro:

–¿Tú sabes qué es un autobús?

Y el otro contesta:

–No, pero creo que es un bicho muy peludo, porque mi mamá dice que siempre lo pilla por los pelos.

★ ★ ★

Un niño llega al cole muy contento y su mejor amigo, al verle, le pregunta:

—Oye, ¿dónde vas tan contento?

Y el niño dice:

—Es que me ha tocado un coche.

—¡Anda! Qué suerte, ¿no?

—Pues sí —contesta el otro—, un paso más y me atropella.

En clase de seguridad vial, el profesor pregunta a los alumnos:
—¿Qué significa un triángulo con el dibujo de dos niños corriendo con la cartera en la mano?
—Que salen del colegio —contesta una niña.
—Pero también puede ser que entren en el colegio, ¿no? —pregunta el profesor.
Y la niña contesta:
—No, porque los niños están corriendo.

★ ★ ★

−A ver si renovamos la fotografía, que aquí usted todavía era un capullo...

Jaimito para a un autobús urbano y le dice al conductor:
—Hola, quiero ir al cementerio.
Y el conductor contesta:
—Pues póngase delante.

★ ★ ★

Un padre quiere enseñar a su hijo a conducir el tractor y le dice:
—Venga hijo, arranca el tractor.
Y el niño contesta:
—Vale papá, ¿pero dónde lo has plantado?

Van dos cocos conduciendo un coche cuando alguien se cruza, tienen que frenar en seco y se dan un pequeño golpe.

—¿Estás bien? —pregunta el coco conductor.

—Sí —responde el otro—, pero me duele un poco el coco.

★ ★ ★

Un policía está multando a un motorista por pasar en rojo, y le dice:
-Multa por saltarse el semáforo.
Y el motorista responde, quejándose:
-¿Saltarlo? ¡Pero si he pasado por debajo!

> Un padre que está enseñando a conducir a su hija le dice:
> —Si la luz se está verde, avanza; si se pone ámbar, para;
> y si yo me pongo blanco, baja del coche.

★ ★ ★

En la autoescuela un profesor con un limpiaparabrisas en la mano le pregunta a una alumna:
—Señorita, por favor, dígame qué es esto y para qué sirve.
Y la alumna responde:
—Es un limpiaparabrisas y sirve para que el guardia deje las multas.

★ ★ ★

Una familia decide hacer un viaje en helicóptero y una vez dentro, el hijo pequeño dice:
—¡Con el calor que hace aquí y han puesto el ventilador fuera!

Yendo hacia el cole en moto, el profe choca con un pajarito. Se baja, comprueba que el pájaro solo está herido y decide llevárselo a la clase. Los alumnos le curan las heridas, lo ponen en una jaula y, con el animal todavía dormido, le dejan comida y agua.
Al día siguiente el pajarito se despierta y, viendo que está entre rejas, piensa:

—Vaya... ya me he cargado al de la moto.

-¿Cómo ha ido el examen de educación vial?
-Mal. Me han preguntado qué hay que hacer cuando fallan los frenos.
-¿Y tú qué has contestado?
-Rezar.

Un niño ve a su amigo con la moto y le dice:
—Te has cambiado de moto. Antes era blanca y ahora es roja.
Y el amigo le contesta:
—No, es la misma, es que se calienta mucho.

Un niño, a quien el director había castigado a quedarse dos horas más por haber hecho una travesura, sale del cole gritando:
—¡Libre! ¡Libre!
De repente, se le sube un niño a la espalda y le dice:
—Al centro, por favor.

Excursiones y tiempo libre

Chistes sobre viajes,
turismo, cine, teatro,
deporte, música,
ordenadores...

La clase está de colonias en el campo. Los niños ya
están acostados y de pronto se oye:
—¡Profeee, nos pican los mosquitos!
Y el profe contesta:
—Pues apagad las luces.
Los niños obedecen pero entran dos luciérnagas por la
ventana.
—¡Profe, los mosquitos han vuelto, pero con linternas!

En el campamento de verano, el niño
faquir pregunta a sus amigos:
—¿Seguro que no puedo jugar?

Una niña está montando un puzzle de cien piezas y su hermano pequeño le pregunta:
–Cuánto tardarás en terminar el puzzle?
–No sé, aquí pone que de cinco a ocho años.

Carmina y sus amigos están en el parque de atracciones y deciden entrar en la casa del terror. De pronto, sin darse cuenta, se queda retrasada del grupo y aparece un hombre vestido de vampiro que le dice:
—¿Te doy miedo?
Y la niña responde:
—No gracias, señor, ya tengo mucho.

En el campamento de verano, los chicos salen de excursión y el monitor les dice:
—Tened mucho cuidado con dónde pisáis, porque aquí cerca hay un pozo escondido que no se veeeeee…

Estaban los niños en una fiesta de cumpleaños cuando la madre dice:
—Vamos a tomar una foto sin flash.
Flash se molestó y se fue.

✳ ✳ ✳

Un niño entra en una juguetería, escoge un canguro de peluche, se dirige a la cajera y le entrega un billete del Monopoly.

—Cariño —le dice la cajera, amablemente—, esto no es dinero de verdad.

Y el niño contesta:

—Ya, el canguro tampoco.

Había una vez un jugador tan malo, pero tan malo, que cuando metió un gol, en la repetición lo falló.

Una tarde Jero llega a casa muy contento y le dice a su padre:

—¡Papá, papá, he jugado el mejor partido de mi vida! ¡¡He metido tres goles!!

—¡Muy bien, hijo! —le dice su padre—. ¿Y cómo habéis quedado?

Y el hijo contesta:

—Perdimos 2 a 1.

✻ ✻ ✻

-Guille, ¿tú sabes por qué los buzos se tiran al mar de espalda? -pregunta el padre.

Y el hijo responde:

-Claro. Porque si se tiraran de cara caerían dentro de la barca.

***

De excursión a una plantación de árboles frutales la maestra les explica a sus alumnos:

—Aquel es un manzano y nos da manzanas. Aquel otro un peral y nos da peras. Y aquel, un naranjo y nos da naranjas. Cristina, ¿cuál es tu árbol preferido?

Y Cristina responde:

—El árbol de Navidad, que nos da regalos.

De vuelta al cole después de una excursión, una
alumna llora mientras va repitiendo:

—Mi pelotita, mi pelotita.

—Bueno —dice la maestra—, no llores que la buscamos.
Pero la niña sigue diciendo:

—Mi pelotita, mi pelotita.

La maestra busca y rebusca por todo el autobús, pero
no la encuentra, y le dice a la niña:

—Me temo que no está en el autobús. A lo mejor te la
has olvidado en algún sitio antes de subir.

—No pasa nada —dice la niña metiéndose el dedo en
la nariz—. Me haré otra.

✿ ✿ ✿

172

❋ ❋ ❋

El profesor de arte se lleva a la clase al museo. En una de las salas, Pablito se acerca a un cuadro y pregunta:
—Profe, esto es un caballo, ¿verdad?
—No Pablito, es un burro.
—No profesor, es un caballo.
Pablito insiste tanto que al final el profesor le pregunta al guardia de seguridad:
—Perdone, ¿me podría decir si eso es un burro o un caballo?
El guardia de seguridad lo mira y le dice:
—No, señor. Eso es un espejo.

Una vez iba mamá globo con su hijo globito paseando por el desierto. De repente, el hijo globito le dice a su mamá:

—¡Mamá, mamá, mira un cactussssssssssssssssssssssssssssssssssss............!

* * *

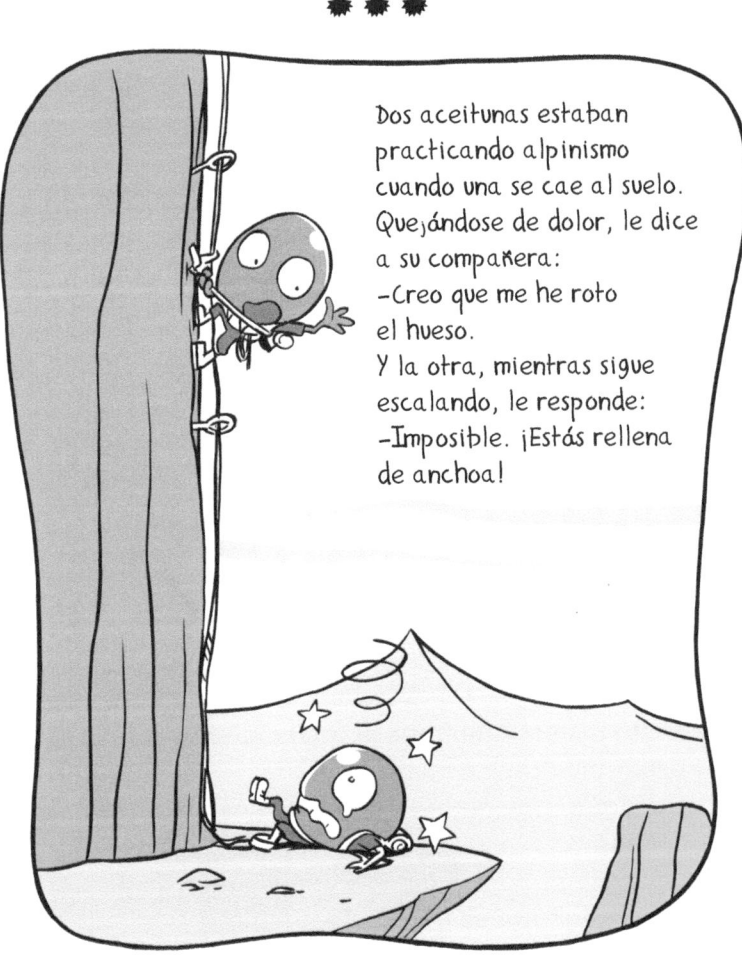

Dos aceitunas estaban practicando alpinismo cuando una se cae al suelo. Quejándose de dolor, le dice a su compañera:
-Creo que me he roto el hueso.
Y la otra, mientras sigue escalando, le responde:
-Imposible. ¡Estás rellena de anchoa!

En un espectáculo de magia, un mago hace subir a uno de los niños del público y le pregunta:
-¿Verdad que no me conoces de nada y nunca nos habíamos visto?
-Verdad, papá -contesta el niño.

✱ ✱ ✱

Un día los animales de la tierra estaban jugando a fútbol contra los animales del mar, cuando el árbitro pitó el final del partido. Como habían quedado 0 a 0, decidieron ir a los penaltis y el equipo del mar puso al pulpo como portero.

Al final de los penaltis, el equipo del mar perdió y, el tiburón, enfadado, le dijo al pulpo:

—¿Cómo no has parado ningún chute, si tienes ocho patas?

Y el pulpo, enfadado, contestó:

—¡¡Porque el que tiraba los penaltis era el ciempiés!!

Una niña y su madre van de paseo en bici y la niña dice:
—¡Mamá, mamá, mira, sin manos! —y retira las manos del manillar.
Un poco más adelante repite:
—¡Mamá, mamá, mira, sin piernas! —y retira los pies de los pedales.
De repente la niña se pega un batacazo, se levanta y dice:
—¡Mamá, mamá, *mida, zin dientez!*

✹ ✹ ✹

En una plantación de árboles frutales, un campesino sorprende a un niño robando cerezas y le dice:
—¡Voy a llamar a tu padre!
El niño, mira hacia arriba del árbol y dice:
—No hace falta, ya le llamo yo. ¡Papá, baja, que hay un señor que te está buscando!

Después de un partido, ya en las duchas, Pepito le pregunta a Manolo:
—Oye Manolo, ¿Me prestas tu champú?
—Pero, ¿no tienes el tuyo? —contesta Manolo.
—Sí, pero es para cabellos secos y el mío ya está mojado.

Dos madres se encuentran para hablar de las actividades extraescolares de sus hijos y una le pregunta a la otra:

—¿Cómo le van los estudios de violín a tu hijo?

—Ahora le han pagado una beca para terminar los estudios en Austria.

—¿Quién, el gobierno?

—No, los vecinos.

✳ ✳ ✳

En el campo, un perro enfadado se dirige hacia dos niños que están de excursión. Uno intenta detenerle con un palo, y cuando ve que su amigo está cambiándose las botas de montaña por zapatillas, le pregunta:

—¿Crees que con las deportivas vas a correr más rápido que el perro? Y el otro contesta:

—No, me basta con correr más rápido que tú.

En el año 2150 un niño va a comprar un billete para irse de vacaciones a la Luna.

—Lo siento, chaval —le dice el agente de viajes—, pero el vuelo ha sido cancelado.

—¿Por qué? —pregunta el niño desolado.

—Porque hoy la luna está llena.

Una niña estaba jugando en la arena de un parque infantil y su madre le dice:

—María, te he dicho mil veces que no juegues en la tierra, que está muy sucia.

Y María se fue a jugar a Saturno, que estaba más limpio.

179

En una barca de pesca, un padre le dice a su hijo:
—Tira el ancla.
Y el hijo responde:
—Pero papá, ¡si es nueva!

❋ ❋ ❋

Una niña regresa al cole después de viajar a
Eurodisney y su amiga le pregunta:
—¿Y qué tal? Me han dicho que aquel parque está
muy bien.
—No creas. Nada más llegar vimos unos ratones
enormes.

❋ ❋ ❋

* * *

El profe de gimnasia se ha llevado a la clase a ver la final de atletismo. Sentados en las gradas, un niño pregunta:
—¿Por qué corren estos hombres, profe?
—Porque al primero le dan un premio —contesta el maestro.
Y el niño dice:
—Entonces, ¿los demás por qué corren?

Dos niños a los que les gustaba mucho jugar a baloncesto se preguntaban si en el cielo también podrían jugar cuando les llegara la hora. Como no tenían ni idea se hicieron una promesa:

—El primero de nosotros que muera va a volver a la tierra para decirle al otro si hay o no equipos de baloncesto en el cielo.

Muchos años después, uno de ellos muere y regresa a la tierra tal y como le había prometido a su amigo.

—Tengo una buena noticia y otra mala.

—¿Cuál es la buena? —pregunta el otro.

—En el cielo sí hay equipos de baloncesto.

—¿Y la mala?

—Que te toca jugar mañana.

✴ ✴ ✴

Un niño entra en una óptica y dice:
-Quisiera comprarme unas gafas.
El vendedor pregunta:
-¿Para el sol?
Y el niño contesta:
-No, para mí.

Una niña visita un castillo medieval con sus padres.
De pronto se encuentra con un fantasma y le dice:
—Señor fantasma, se le ha caído un pañuelo.
Y el fantasma responde:
—No, no es un pañuelo. Es mi hijo.

En los campamentos de verano, los niños están
encerrados en el refugio porque hay tormenta. De
pronto, un relámpago lo ilumina todo y una niña corre
hacia la ventana gritando:
—¡Esperad, yo también quiero salir en la foto!

Una niña que hace tiempo que quiere ir a Nueva York le pide a su madre:

—¿Por qué no podemos ir mañana y volver el lunes?

—Ya te lo he dicho, hija. Porque se tarda muchísimo en hacer el viaje.

La niña, nada satisfecha con la respuesta de la madre, decide llamar por teléfono a la agencia de viajes:

—Hola señorita, me gustaría saber cuánto se tarda en ir desde España hasta Nueva York.

La encargada, que tiene que consultar lo que le está pidiendo la niña, le dice:

—Un segundo.

—¡Bieeeen! —grita la niña.

* * *

En un hotel, un niño le pregunta a su madre si puede ir a la piscina y tirarse desde el trampolín de diez metros. La madre le da permiso y el niño vuelve con una pierna rota.

Al día siguiente, el niño le pregunta otra vez a su madre:

—Mamá, ¿puedo bajar a la piscina y tirarme del trampolín de diez metros?

—Ni hablar —contesta la madre—, ¿no te acuerdas de lo que pasó ayer?

Y el niño responde:

—Ya, pero es que hoy han puesto agua.

En la piscina de un camping dos niñas hablan
sentadas al borde de la piscina. Hace mucho calor, y
una le pregunta a la otra:
—¿No te bañas?
Y la amiga contesta:
—No. El médico me ha dicho que tengo una salud de
hierro y no quiero hundirme.

* * *

Una familia está en el circo y la niña le pregunta a su hermano:
- ¿Por qué las focas miran todo el rato hacia arriba?
Y el hermano contesta:
- Porque arriba están los focos.

❋ ❋ ❋

En un viaje a París, en alto de la torre Eiffel, un niño le dice a su hermanito:

—A ver quién es capaz de tirar el reloj desde aquí, bajar corriendo y cogerlo antes de que toque el suelo. El pequeño acepta el reto, tira el reloj, baja corriendo y cuando llega abajo el reloj ya se ha hecho pedazos contra el suelo. A continuación, el hermano mayor tira su reloj, baja tranquilamente por las escaleras, se para a contemplar el paisaje, sigue bajando y cuando llega a abajo, lo recoge. El pequeño, alucinando, le pregunta:

—¿Cómo lo has hecho?

—Fácil —contesta el mayor—, lo he retrasado una hora.

Un padre y su hijo pasean por el campo a la luz de la luna llena y el padre le pregunta a su hijo:

—¿Crees que puede haber habitantes en la Luna?

Y el hijo responde:

—Claro papá. ¿No ves que tienen la luz encendida?

Durante un crucero vacacional, un niño le dice a su padre:

—Papá, papá, vienen doce naves hacia nosotros.

—¿Una flota? —pregunta el padre.

Y el niño contesta:

—No solo una, papá. Flotan todas.

* * *

***

Una familia se va de vacaciones en coche. Ya en la carretera, ven un letrero que pone «Disminuya a 60 km». El padre, al ver la señal, reduce la velocidad. Al cabo de un rato ven otro letrero que pone «Disminuya a 40 km». Otra vez el padre reduce la velocidad.
A los cinco minutos ven otro cartel que pone «Disminuya a 20 km». El padre, desesperado, todavía va más despacio. Al cabo de un par de horas, cansados de ir tan despacio, ven otro cartel que pone «Bienvenidos a Disminuya».

En el zoo, delante de una jaula de aves, una maestra les pregunta a sus alumnos:
—Cuando hace frío en el norte vuelan aquí para aprovechar el sol. ¿Quiénes son?
Un niño levanta la mano y contesta:
—¡Los turistas!

En un cine casi vacío, dos niños se han sentado en la última fila y su madre les pregunta:
-¿Por qué os sentáis en la última fila?
Y uno de los niños contesta:
-Porque quien ríe el último, ríe mejor.

Índice

¡Escribe
tus propios
chistes!

Chistes sobre profes

Chistes sobre la familia

Chistes de animales

Chistes sobre excursiones y tiempo libre

Chistes de comida

¡Prepárate para troncharte de risa!

Descubre más chistes en formato e-book en nuestra web:

www.penguinlibros.com

Y si todavía quieres más...